池上彰が解説したい！　国民・移民・難民

２ 移民って、なに？どうして移住するの？

監修／池上 彰
著／稲葉 茂勝　編／こどもくらぶ

はじめに

最近、「難民」という言葉がテレビや新聞をにぎわしています。とくによく聞くのが、「シリア難民」です。

2011年3月にシリアで紛争がはじまってから、すでに7年が過ぎました。2018年現在、シリアの人口の半数が家を破壊されて、600万人以上が国内で、さらに550万人以上が、UNHCR（国連難民高等弁務官事務所）により「シリア難民」として登録され、国外で避難生活を送っています。

シリア難民のほとんどが、近隣のトルコ、イラク、レバノン、ヨルダン、エジプトへ避難。レバノンでは、人口の4分の1は、シリア難民です。

●難民の出身国（多い順）

出典：UNHCR「年間統計報告書（2017）」

中東やアフリカの国が多いが、ミャンマーは日本に比較的近い東南アジアの国。

シリア難民の生活は非常に苦しく、多くの幼い子どもたちが栄養失調で死んでいきます。学校へいく年齢の子どもの半数以上が学校に通っていません。それが長いあいだ続いていて、教育を受けられずに年を重ねていく子どもが、どんどん増えています。

UNHCRの調査によると、2017年末の世界じゅうの難民の57％以上がシリア（630万人）、アフガニスタン（260万人）、南スーダン（240万人）出身でした。

ところで、2016年3月29日、サッカーの日本代表は、ワールドカップ・ロシア大会アジア2次予選最終戦でシリア代表と対戦。5-0で勝利し、1位通過を決めました。この大差の勝利に、日本じゅうが歓喜に包まれました。

しかし、シリアの選手たちの背景に、国が崩壊しているという現実があったことを知っている日本人がどれほどいたでしょうか。

2016年、オリンピック・リオデジャネイロ大会では、難民選手団が登場し、注目されました。「難民選手団」とは、IOC（国際オリンピック委員会）が難民にも出場機会をあたえようとして、この大会ではじめて結成した難民の選手団です（→3巻）。シリアやコンゴ民主共和国などの出身者で、難民として国外に逃れた選手10人が参加しました。

サッカーワールドカップ出場をかけた日本対シリアの試合。　写真：YUTAKA/アフロスポーツ

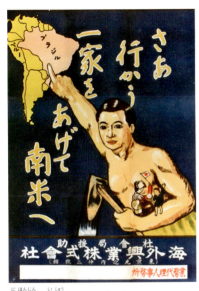

日本人の移住をつのるポスター。

さて、「難民」とは、どのような人をさすのでしょう？　多くの人が「紛争などから命を守るために自分の国を出てきた人」というように、なんとなくわかっていますが、それ以上のこととなると、よくわからないのではないでしょうか？

しかし、日本も日本人も、国際社会の一員として、難民問題に真正面から向きあっていかなければなりません。

じつは、このシリーズ「池上彰が解説したい！　国民・移民・難民」は、もともとは「難民」とはどういう人たちで、どんな状態をいうのかなどについて考えてみようと企画したものです。

ところが、人びとが外国へいって住みつくことを「移民」といいますが、その移民と難民はどうちがうのか？　ある国の国民が外国の国民になるとは、どういうことなのか？　といった疑問は、そもそも「国民」とはなにかをしっかり理解していないと答えられません。

というわけで、このシリーズでは、次の3巻にわけて、順序立てて基礎からしっかりまとめることにしました。

❶ 国民って、なに？　どういうこと？
❷ 移民って、なに？　どうして移住するの？
❸ 難民って、なに？　どうして困っているの？

ぜひ、あなたには、サッカーなどの国際試合を見るとき、難民が多く出ている国について考えていただきたいと思います。そして、難民問題について、自分のできることも考えてもらえると、とてもうれしいです。

なお、日本がシリアに5-0で勝利した試合は、ある日本選手のサッカー国際Aマッチ100試合出場達成を祝って、大騒ぎとなりました。でも、それも、シリアの国情や選手たちの背景を知っているのと知らないのとでは大ちがい！あなたには、より広い視野と知識で、ものの見方を養っていってほしいと強く願っています。

子どもジャーナリスト　稲葉茂勝
Journalist for Children

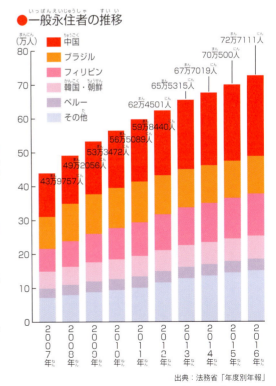

出典：法務省「年度別年報」

海外から日本へきた一般永住者の数は年ねん増えている。なかでも、アジア圏が多い。

もくじ

1 「移民」の定義……………6
①アナン氏の提案　②「難民」の定義　③移民と難民の関係
④アメリカへの移民　⑤どこからきたか？

■先住民族とは……………10
■世界の先住民族　■サーミとは？　■アイヌの場合

2 「日本人移民」……………12
①日本人移民の最初はハワイ！　②次は南米ペルー・ブラジル

■ラテンアメリカへの日本人移民……………14
■「榎本移民」　■メキシコの前にグアテマラ

■2018年は日本人キューバ移住120周年……………15
■「Nikkei」　■社会主義国になったキューバの「Nikkei」

3 「移民」とよばれる植民地政策……………16
①日本人移植民　②「満洲国」建国後

4 戦後の移民……………18
①日本人定住農業移民　②現在の日本人海外移住

■琉球から世界へ……………20
■琉球王国から日本へ　■沖縄移民のとくべつな苦労　■日本人海外渡航年表

5 現代世界の移民のようす……………22
①ヨーロッパの国ぐに　②アメリカの「移民」と「非移民」
③アメリカの外国人受け入れの状況

■世界でもっとも多く受け入れている国……………26

6 近年の日本の移民受け入れ……………28
①年間20万人　②日本への移民の今後

■用語解説……………30

■さくいん……………31

この本の見方と特徴

そのページの内容を短い文でわかりやすく解説。

子どもだけでなく大人にも役立つように内容を精選した解説記事。

このテーマで考える場合のポイントをまとめてある。

このテーマでまとめて、しっかり解説してある1ページ、または2ページのコラム。

写真を大きく掲載！

1 「移民」の定義

「移民」はよく聞くことばですが、国際的に合意された定義はありません。そこでよくつかわれるのが、当時の国連事務総長コフィー・アナン氏が、1997年に国連統計委員会に提出した「定義」です。

1 アナン氏の提案

アナン氏が移民の定義として提案したのは、「通常の居住地以外の国に移動し、少なくとも12か月間当該国に居住する人のこと*」というもの。ただしこの定義は、世界の国ぐにで採用されているわけではありません。

EU（ヨーロッパ連合）では「EU加盟国以外の国の国籍をもち、EU諸国内に3か月以上滞在する外国人のこと」とされています。

また、日本には法律上、「移民に関する規定」がありません。それどころか、移民を受け入れるという制度そのものがないのです。日本政府は、外国人が長い期間を日本に居住する目的で、日本に入国することをみとめていません。日本に永住することがゆるされるのは、基本的に日本国籍をもつ（取得した）「日本人」だけなのです。

なお、世界全体の移民数は、国際的に合意された定義がないのではっきりした数はわかりませんが、その数は2億人とも3億人とも推定されています。

*アナン氏の提案では、移動する目的や理由に一切ふれていない。このため、海外赴任、転勤、留学、研修、海外旅行なども12か月以上であれば、「移民」と見なされることになり、不合理だともいわれている。

日本の国内法

日本では、「移民」は入国管理法（→p30）の「中長期在留者*1」と「特別永住者*2」にあたるとされている。2017年末時点で約256万人の中長期在留者と特別永住者が日本に居住している（→右のグラフ参照）。

*1 中長期在留者　中長期間に渡って日本に在留資格をもって滞在する外国人。
*2 特別永住者　第二次世界大戦以前から日本に住んでいる台湾・朝鮮半島出身者とその子孫の在留資格をもつ人。

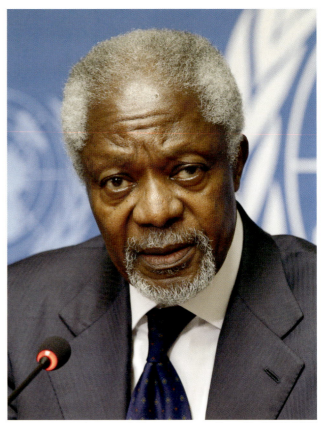

コフィー・アナン氏。ガーナ出身で1997～2006年まで第7代国連事務総長をつとめた。2001年にノーベル平和賞を受賞した。

❷「難民」の定義

移民とはことなり、「難民」については、国際法で明確に規定がされています。くわしくは3巻で見ていきますが、ここでもかんたんにまとめておきます。

- 自国において「迫害を受けるおそれ」がある。
- 「迫害を受けるおそれ」は、人種、宗教、国籍、特定の社会的集団に対するものであること。
- 自国政府の保護を受けることができないこと。

など

UNHCR（国連難民高等弁務官事務所）によると、この定義による世界全体の難民の数は、2017年末時点で2540万人となっています。

スイスのジュネーブにあるUNHCR（国連難民高等弁務官事務所）本部。

●日本の在留外国人の推移

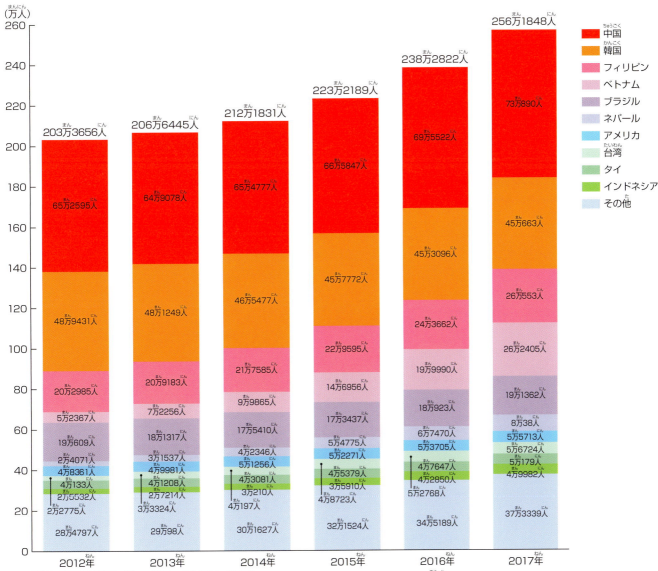

2017年末の在留外国人数は約256万人と過去最高。国籍別ではベトナム、ネパール、インドネシアの増加がめだつ。

出典：法務省

3 移民と難民の関係

難民が「迫害を受けている、もしくは受けるおそれがある」ということが定義の基準にされているのに対し、移民には、そうした規定がありません。

しかし、移民にとって「迫害」が関係ないことなのかどうかは議論がわかれています。下の文は、そのことを考えるよい例です。

> 16世紀、エリザベス1世が統治するイギリスでは、イギリス国教会が力をもっていた。ところが、それに不満をもち、国教会を「純化（ピューリファイ）」するよう求めた人びとがいた。彼らは「ピューリタン（清教徒）」とよばれた。イギリス王室は、さまざまな方法でピューリタンに迫害をくわえつづけた。そのため、彼らの一部は迫害から逃れ、オランダのアムステルダムへ移住していった。

こうしたピューリタンの移住は、迫害による移民、あるいは現在の「難民」にあたるものではないでしょうか。

彼らはその後、オランダから新大陸・アメリカ（→p30）への移住を決意します。そして、いったんイギリスに戻ったのち、アメリカのヴァージニア植民地に定住する許可を得て、自由の新天地をめざします。

「メイフラワー号」でアメリカにやってきたピューリタンたちがはじめて定住したのは、現在のボストン近くにあるプリマスでした。そこは、アメリカ建国の地。彼らは、当時、その地で先住民族などとの交易をしていたヴァージニア会社から土地を買い、交易許可をはじめ、さまざまな権限を得て、移民となったのです。

じつは「メイフラワー号」でアメリカにやってきた人は、必ずしも迫害されたピューリタンばかりではありませんでした。

メイフラワー号の乗客は102人、乗組員は30人程度だった。船中でアメリカ建国につながるメイワフラワー契約が結ばれた。

アメリカへの移民流入のおもな玄関口だったエリス島への船をまつ移民。

④ アメリカへの移民

　新大陸・アメリカへは、17世紀、イギリスのピューリタンの移住にはじまり、ヨーロッパ各地から移民がどんどんやってきました。
　1776年にアメリカ合衆国が建国され、当初アメリカでみとめられていた奴隷制度（→p30）が廃止されてからは、さらに移民の数が増大しました。19世紀末からは、中国人移民や、「新移民」といわれる東ヨーロッパ・南ヨーロッパからの移民も増えてきました。
　こうした新大陸・アメリカへの移民のほとんどは、新天地でのよりよい生活を求めてきた人たちでした。この点では「自国での迫害」という、現在の難民の規定とちがいます。こうした移民はこの時期、世界の歴史上でも非常に大規模におこなわれました。その結果、アメリカは移民による多人種国家となり、さらにその後も積極的に移民を受け入れて国づくりを進めてきました（→p24）。

⑤ どこからきたか？

　新大陸・アメリカへの移民は、その時期によりどこからきたかがことなり、また、移民の目的もことなっています。

● **西・北ヨーロッパからの移民（旧移民）**
イギリスのピューリタン、ついでオランダ、ドイツ、フランスなど西ヨーロッパ、また、スウェーデンなど北ヨーロッパからの移民の多くは、宗教の自由を求めてやってきたと見られている。

● **アイルランドからの移民**
1845年からアイルランドで「ジャガイモ飢饉」が起こり、それをきっかけにして、食糧を求めて大量の移民が発生。たった5年間で50万人も流入したという。

● **中国人移民（華僑）**
1833年にイギリスが奴隷制度を禁止。アメリカでは、労働を黒人奴隷にたよれなくなり、かわりに中国人が求められた。アヘン戦争にやぶれた中国から安価な契約労働者として中国人がアメリカにつれていかれた。

● **南・東ヨーロッパからの移民（新移民）**
1880年代ごろの、旧移民に対し、イタリアなどの南ヨーロッパや、ポーランドやロシアなどの東ヨーロッパからやってきた移民は「新移民」といわれた。またその後、中東からやってきたユダヤ人も新移民となった。

自由の女神

自由の女神は、ヨーロッパ大陸からの移民船が入港するニューヨーク港の入り口に立っている。その姿は、「ようこそ自由の国・アメリカへ」というように、移民を歓迎するものだといわれている。

先住民族とは

「先住民族」とは、近代的な国家ができる前に世界の各地に住んでいた民族のこと。彼らは、あとからやってきた人たちに土地をうばわれ、殺されたり、強制的にほかの民族に組みこまれたりしました。

■世界の先住民族

先住民族として、世界じゅうでよく知られているのが、南北アメリカ大陸のネイティブアメリカン（「インディアン」「インディオ」と差別的な意味のよび名でよばれてきた）や、北極圏のサーミや、オーストラリアのアボリジニー、ニュージーランドのマオリ、日本をふくめた東アジアのアイヌなどです。

●先住民族の居住地域の例

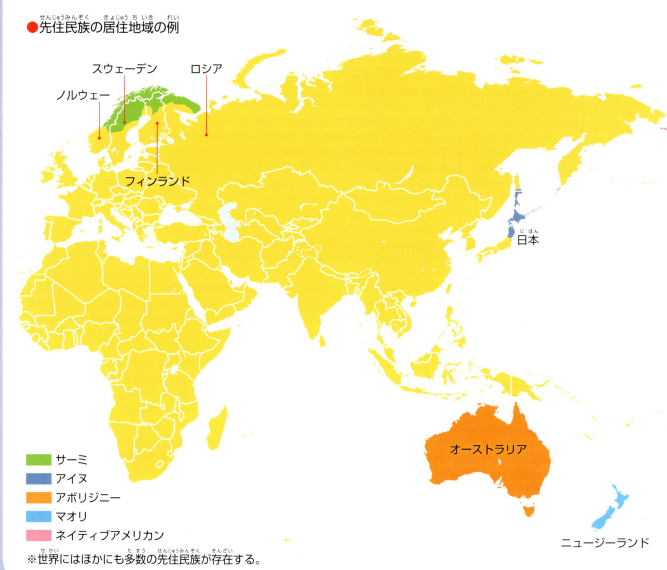

- サーミ
- アイヌ
- アボリジニー
- マオリ
- ネイティブアメリカン

※世界にはほかにも多数の先住民族が存在する。

■サーミとは？

サーミ（サーミ人）は、ラップランドに住む少数民族です。サーミ語を使用し、伝統的にトナカイの飼育、狩猟、漁労などを営み生活してきました。「ラップランド」とは、スカンジナビア半島北部とロシアのコラ半島をふくむ地方で、そこには現在、ノルウェー、スウェーデン、フィンランドがあります。でも、それらの国境線はサーミの人たちにとってはまったく関係ないもので、あとからやってきた人たちが、かってに引いたものなのです。サーミは、現在の国境をこえて移住することがありますが、彼らにとっては「移民」という意識はありません。

■アイヌの場合

「アイヌ」とは、おおよそ17～19世紀に、日本の東北地方北部から北海道、樺太（サハリン）、千島列島におよぶ広範囲に先住していた人たちです。

残念ながら、アイヌの歴史については、アイヌが文字をもたなかったこともあってよくわかっていません。そのようすは、公益社団法人北海道アイヌ協会のホームページに、次のように書かれています。

> 19世紀当初から20世紀後半まで、日本の中央政権は、アイヌ民族に対し同化政策＊を押しつけました。それでも明治期から第二次世界大戦敗戦前まで使用された国定教科書にはアイヌを「土人」と表し、基本的にはアイヌは先住民族との認識の下で公教育を進めてきました。戦後は、一転して国籍を持つ者「国民」としてだけで把握し、その民族的属性やそれら集団に対する配慮を欠くこととなりました。アイヌ民族については、戦後2～30年、行政サイドでは無施策のまま過ぎ、追って生活格差是正の一環としての施策が現在まで続いています。

日本にくらすアイヌの人びとは、親戚などがいる樺太（サハリン）や千島列島には移住どころか、会いにいくことさえできません。なぜなら、アイヌの先住していた土地は、現在、日本とロシアに分断されていて、しかも、両国のあいだではいまだに平和条約が結ばれていないからです。

＊同化政策　ある支配集団がほかの集団を自己の文化になじませ、一体化しようとする政策。

アイヌの伝統的な家屋の前にならぶアイヌの人びと。

2 「日本人移民」

日本では、明治維新の急速な近代化にともない、労働力がとくに農村部であまるようになりました。その結果、ほかの土地へ出稼ぎにいく人が急増。日本人移民の背景には、こうした事情がありました。

ハワイの製糖工場で働く日本人。

1 日本人移民の最初はハワイ！

日本人の移民は、1868年、横浜にいたアメリカ商人によって、約150人の日本人労働者がハワイの砂糖プランテーション（大規模農園）へ、約40人がグアムへ送られたことにはじまりました。彼らは「元年者」とよばれ、日本初の海外「移民」となりました。でも「元年者」は、移住先でまるで奴隷のように働かされ、移民はうまくいきませんでした。

ところが1885年に「ハワイ官約移住」がはじまります。これは、日本とハワイ王国（当時は独立国）との条約によって、日本人労働者を3年契約でハワイの砂糖プランテーションへ送るというものでした。この制度により1894年までの10年間に総計2万9000人ほどの日本人がハワイへ移住しました。

なお、この時期にはハワイのほか、太平洋上の当時のイギリス領・木曜島や、ニューカレドニア、オーストラリア、フィジーなどへ移住する日本人も多くいました（→p21）。

ただし、こうした海外移住者のほとんどは、数年間の契約労働が目的で、政府も労働者自身も、その移住を海外への永住をめざすものとは考えていませんでした。それでも一般的には、「移民」といわれています。

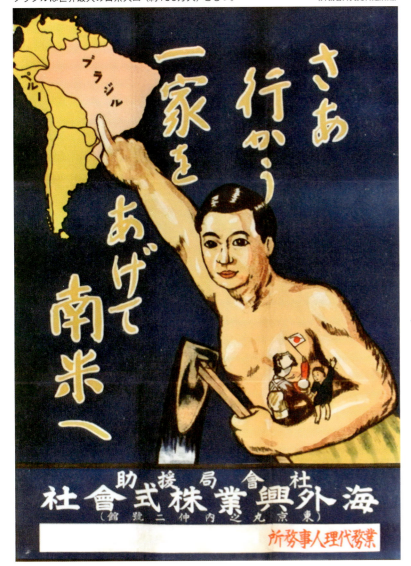

1925年ごろの南アメリカへの移民をうながすポスター。ブラジルは世界最大の日系人口（約190万人）をもつ。　（外務省外交史料館所蔵）

群馬県大泉町にある標識。日本語とポルトガル語が併記されている。1990年代にブラジルから日本へ移民する人が急増し、そのなかには日系ブラジル人も多くふくまれていた。

> **もう一歩つっこんで考える！**
>
> ### 日本人排斥運動の背景
>
> 日本が国力をつけ海外へ進出するようになると、アメリカとの利害の対立がはじまった。アメリカでの、日本人移民排斥運動にはこうした背景もあった。1924年、アメリカで移民法が成立。新移民（→p9）は国別にきびしく数で制限され、日本人移民は禁止された。これは「自由な移民の国アメリカ」が終わったことを意味していた。
> 第二次世界大戦後、アメリカが世界経済のなかで最大の生産力と購買力をもつようになり、1965年に国別制限と日本人移民禁止が解除される。

❷ 次は南米ペルー・ブラジル

　日本とペルーは、1873年に通商条約を結びました。当時の日本では労働力があまっていたのに対し、ペルーでは農園労働者が不足していました。

　そこで日本政府とペルー政府は取り決めを交わし、1899年に790人が「佐倉丸」で海を渡りました。これが、ペルーへの日本人移民のはじまりです。

　じつは、そのころアメリカやカナダでは、日本人移民がどんどん増えていて、日本人排斥運動が起こっていたのです。1901年にオーストラリアが、1908年にはカナダが日本人移民の数を制限し、1924年にアメリカは、日本人の移住を全面的に禁止しました。

　そうしたなか、日本人移民の受け入れ先となったのが、ペルーやブラジルでした。南アメリカのブラジルへは、ペルーより約10年後の1908年に、日本人781人を乗せた「笠戸丸」がサントス港に到着。これが、日本人のブラジル移民のはじまりでした。その後ブラジル移民は、1941年までの33年間で約19万人に達しました。

　また、そのころにはキューバなど、ラテンアメリカへの移民もどんどんおこなわれていました（→p14）。

ラテンアメリカへの日本人移民

ハワイにはじまった日本人移民はブラジル、ペルーにも渡り、さらにはラテンアメリカのメキシコやグアテマラにも、日本人が移住していきました。

■「榎本移民」

「榎本移民」とは、当時の榎本武揚外務大臣が計画した「メキシコ植民計画」により、実現した移民のことです。これは、1897年3月24日に36人の日本人が横浜港を出発し、アメリカのサンフランシスコで船を乗りかえ、5月10日にメキシコに到着したことにはじまります。これが、メキシコへの初の日本人移民となりました。

■メキシコの前にグアテマラ

1897年の「榎本移民」がおこなわれたのは、メキシコのグアテマラ国境の近くでした。グアテマラには、1870年代に写真家だった岩手県出身の屋須弘平さんが渡り、現地で写真業をはじめたといわれています。彼は、日本人はじめてのグアテマラ移民として貴重な記録をしています。

1893年には、ハワイでの労働契約を終えた日本人132人がグアテマラに移住。これはラテンアメリカの最初の組織移住となりました(「榎本移民」に先立つ4年前のこと)。

しかし、グアテマラでの移民生活は劣悪で、メキシコに逃れたものもいました。結果、グアテマラ移民はそれ以上増加しませんでした。

晩年の榎本武揚氏。

メキシコの首都であるメキシコシティ。メキシコに住む日系人の数は約2万人。

2018年は日本人キューバ移住120周年

周年ロゴ：120年前にキューバにはじめて移住した日本人は、ハバナに船で到着。このロゴは、葛飾北斎の波とハバナ港のモロ要塞をモチーフにしている。また、赤・白・青という両国の国旗の色を使用しているという。

提供：日本人キューバ移住120周年実行委員会

2018年は、1898年に定住を目的とした日本人初のキューバ移住（移民）からちょうど120年。それを記念して、両国ではさまざまな行事がおこなわれました。2018年現在、約1200人の日系人がキューバに居住しています。

■「Nikkei」

キューバにやってきた日本人は当初は少なく、1914年までにキューバに居住する日本人は、60人以下に過ぎなかったと記録されています。ところが1915年に67人、1916年には262人の日本人がキューバに移りすみ、彼らの多くはサトウキビ農園で働き「Nikkei」とよばれました。しかし、「Nikkei」は、キューバ社会のなかで非常に苦しい生活を強いられたため、1920年代の後半には、日本からのキューバ移民事業は停滞してしまいました。しかも第二次世界大戦中、日本とその同盟国のドイツ・イタリアからの移民は、「敵性外国人」と見なされ逮捕されたため、新たな移民は中断しました。

■社会主義国になったキューバの「Nikkei」

戦後、キューバはフィデル・カストロ氏（→p30）による「キューバ革命」の成功で、1959年以降社会主義国として、世界の社会主義陣営のリーダーであるソ連*と友好関係を保ちます。

すると、日本人移民のなかには、社会主義建設をきらい、キューバからさっていくものも多くあらわれました。このため、ほかのラテンアメリカ・南アメリカへの日本人移民がおこなわれているときも、キューバへの移民はありませんでしたが、今でも1200人ほどの日系人がキューバに住んでいます。

*ソ連　1991年まで存在した、ロシアを中心とする連邦国家。ソビエト連邦の略。

1964年にハバナ市内に建てられた、日系人がねむる慰霊堂。

写真：共同通信社

3 「移民」とよばれる植民地政策

日本は、日清戦争後の1895年、台湾を公式に日本領土に組み入れ、1910年には「韓国併合」(→p30)、1914年には旧ドイツ領のミクロネシアを「委託統治領」(→p30)としてその支配下に置きました。しかし……。

1 日本人移植民

1800年代後半になると日本は、国力を急速に拡大。植民地*の獲得に力をそそぎはじめました。日本は、朝鮮半島、中国、そして東南アジアから南太平洋の島じまを次つぎに侵攻し、植民地にしていきました。

こうして獲得した植民地は、日本国内では、「新発展地」ともてはやされました。やがて何十万人もの日本人が海外移住にあこがれ、実際に各地の植民地へ移住していきました。これが「日本人移植民」です。

しかし、こうした移植民は、かつての北アメリカやラテンアメリカ、南アメリカへの移民とは、大きなちがいがありました。

それは、このころの移植民は、移住先で日本の軍事力に守られた植民地支配階級の一員であったことです(→右ページ)。これに対し、かつての移民たちは、移住地では、よそ者、少数者として、差別や排斥の対象とされ、非常に苦しい生活をしていました。

*植民地 ある国からの移住者によって経済的に開発された地域。その国の新領土となって本国に従属する(→1巻)。

●日本の最大勢力範囲
　1941年12月の日本の勢力範囲
　1942年夏の日本軍の最前線

1800年代後半から1941年まで多くの国を領土としていた。

②「満洲国」建国後

日清戦争（1894〜1895年）のあと、1895年に台湾が日本領土となり、1910年には「韓国併合」がおこなわれ、1914年には旧ドイツ領のミクロネシアを「委託統治領」として支配下に置きました。さらに、日本は軍を中国東北部に侵攻させ、1932年に「満洲国」を建設。その後は、日本の国家政策としての「移住」を押しすすめました。

それまでは、明治時代からのハワイ官約移住（→p12）をのぞけば完全に国家が主導権をにぎった日本人の海外移住はありませんでしたが、日本の支配下にある満洲国では、国家が日本各地、とくに東北地方や中部地方の零細農家によびかけて、家族や村単位で、定住を目的とする移植民を集め、中国東北部へ送るという大事業がおこなわれました。

満蒙開拓団

「満蒙開拓団」とは、1931年に起きた満洲事変から1945年の日本の敗戦まで、満洲国（中国東北部）や内モンゴル地区に国策として送りこまれた入植者（満蒙開拓移民）のことをさす。当初は、国内でも反対が強くあったので、1936年までの5年間は「試験移民期」とされた。その後、1938年に満蒙開拓青少年義勇軍（義勇軍）がつくられ、数え年16〜19歳の青少年が送りこまれた。1939年には、日本と満洲両政府による「満洲開拓政策基本要綱」が発表された。そして、1937年から1941年までの5年間の「本格的移民期」に、大量の移民が送りこまれた。結局、満蒙開拓団の総数は、約27万人にまでふくれあがった。

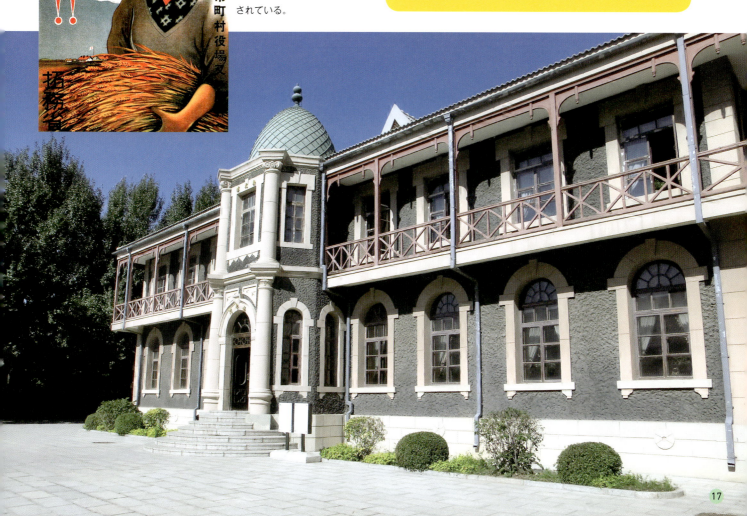

左：満洲国移住をうながすポスター。
下：首都・新京（現在の中国吉林省）に建てられた満洲国皇帝の宮殿。現在は宮殿の一部が復元され、中国が満洲国を国としてみとめていないことから「偽満洲国皇宮博物院」として公開されている。

4 戦後の移民

第二次世界大戦後の数年間に植民地や戦場となった国ぐにから、600万をこえる軍人や移植民が日本に帰還しました。そのため、国内人口が急増。あらたな海外移民が発生しました。

1 日本人定住農業移民

1951年のサンフランシスコ講和条約（→p30）で日本の独立がみとめられると、政府は、南アメリカやラテンアメリカの国ぐにと条約を結んで、「日本人定住農業移民」を送りはじめます。

かつて日本人が多く移住していたブラジルへは、1952年に戦後最初の移民団が送られ、その2年後には、パラグアイへ、1955年、アルゼンチンへ、1956年、ドミニカへ、1957年には、ボリビアへと多くの日本人が移住していきました。ボリビアには、サンフアン・デ・ヤパカニというまちが、日本人の集団移民によってつくられました。

ところが、そうした戦後の移民は1960年代に入り、日本経済が復興するにつれて減少していきます。1980年代になると、日本がバブル経済（→p30）のなか、逆に日本へ出稼ぎなどでやってくる外国人が急増してきたのです（→p28）。

ブラジル・サンパウロにある日本人街、リベルダージ。サンパウロにはブラジルの日系人の7割がくらしているという。

ロサンゼルスにあるアメリカ最大規模の日本人街、リトル・トーキョー。日本の飲食店がならび、人びとでにぎわっている。

❷ 現在の日本人海外移住

　今ではかつてのように、日本人が組織的に海外へ移住させられることはなくなりました。でも、仕事や留学、結婚などの理由で、世界の各地へ日本人が渡航、移住して移民となるケースが、どんどん増えています。

　その結果、ヨーロッパやオーストラリアなど日本人が多く渡航する国には、新たな日本人コミュニティができています。また、広い世界、日本人移住者のいない国はないといわれるようになりました。『世界の村で発見！こんなところに日本人』（朝日放送テレビ）というテレビ番組ができるほどです。これは、タレントが世界の国ぐにの小さな村まで、日本人をさがしにいくというもの。山奥だったり極寒の地だったりと、いろいろな場所に日本人が住んでいることを、お茶の間に知らせてくれます。

もう一歩つっこんで考える!

「戦争花嫁」以降のアメリカ

　1924年以来、日本人移民を受け入れてこなかったアメリカ（→p13）が戦後、日本人「戦争花嫁」（アメリカ人兵士と結婚した日本人女性）の入国を許可。その後1965年には、白人中心主義にもとづいた移民政策が撤廃されたことにより、日本人移民への差別的入国制限も解消した。その結果、仕事や留学でアメリカへ移りすむ日本人はどんどん増え、さらにそのなかからアメリカの永住権（→p24）を取得して移民となるものも増えた。

「スクールボーイ」

　20世紀のはじめ、北アメリカへ渡った日本人のなかには学生も多くいた。その一部は、アメリカの東部の有名大学へ国の費用で留学したが、ほとんどは、サンフランシスコ、シアトル、ポートランドなどで仕事をしながら英語を学び、学校へ通った。彼らは「スクールボーイ」とよばれ、白人家庭に住みこみ、料理や掃除、洗濯などをするかわりに、食事代と部屋代を免除、小額の小遣いをもらっていたといわれている。なお、同時期にアメリカに移住した人たちは、移民とされたが、彼らのような日本人を移民とよぶことは、アナン氏の移民定義への批判と通じる（→p6）。

琉球王国の政治、外交、文化の中心となった首里城。

琉球から世界へ

かつて琉球という独立国家だった沖縄は、中国や東南アジアの影響を受けながら独自の歴史を歩み、14世紀から16世紀半ばにかけて海外との交易によりさかえました。その沖縄は、戦前・戦後をとおして、多くの移民を送りだした移民県となりました。

■琉球王国から日本へ

琉球王国は1609年、薩摩藩の侵攻によりその支配下に置かれました。そして1879年、明治政府によって沖縄県とされました。

こうした歴史のなか、ウチナーンチュ（沖縄出身の人）は常に外の世界に目を向けてきたといわれています。

沖縄からの移民は1899年のハワイ移民にはじまり、1941年までのあいだにフィリピン、アメリカ、ペルー、ブラジルなどの国ぐにへ7万人以上が移住しました。これは沖縄の人口とくらべると大きな数字です。

■沖縄移民のとくべつな苦労

第二次世界大戦がはじまると、海外に移住した日本人やその子孫は、移住先の国ぐにで敵国人としてあつかわれ、みんなたいへんな苦労をしました。そうしたなか、沖縄出身者には、とくべつなことがありました。

沖縄は、日本で唯一アメリカと日本との地上戦がおこなわれた場所だったからです。ウチナーンチュの二世兵士には、通訳としてアメリカ軍に協力をさせられた人もいました。彼らは、防空壕などにかくれていたウチナーンチュに、沖縄の言葉で降伏をよびかけることがありました。結果、命がたすかったウチナーンチュが多くいました。

さらに、戦後まもなくアメリカに占領され、琉球政府が置かれた沖縄では、海外から引きあげてきた人びとが急増。琉球政府は、あふれた人口を減らす目的で、移民政策を打ちだします。沖縄における戦後移民の開始は、本土よりもはやい、1948年、アルゼンチンへ渡った33人とペルーへのひとりでした。その後、ボリビアには1954年、琉球政府による計画移民として、第一陣の269人が送りだされ、1969年までに3000人以上が移住しました。ボリビアには今も「オキナワ」という村があります。

そして、1957年から1962年にかけてブラジル、アルゼンチン、ボリビア、ペルーなどへ沖縄から毎年1000人以上が移住しました。

■日本人海外渡航年表

1868年	明治維新、アメリカ商人が日本人労働者をハワイとグアムへ送る（「元年者」→p12）。
1869年	オランダ商人が、約40人の日本人を引きつれて、アメリカ・カリフォルニア州へ渡り、「若松コロニー」とよばれる農業定住地をつくるが、1年で失敗。
1874年	オーストラリアに初の日本人移民。
1877年	カナダへの日本人移民はじまる。
1883年	イギリスの商人が日本人労働者37人を南太平洋上の「木曜島」に送る。
1885年	ハワイ王国と日本の二国間条約にもとづき、943人の日本人「官約移民」第一陣が出発する（「ハワイ官約移住」→p12）。
1889年	アメリカ本土に住む日本人が2000人あまりとなる。その大部分が学生（「スクールボーイ」→p19）や自由民権活動家だった。
1893年	132人の日本人がハワイからラテンアメリカのグアテマラへ向かう。東京に「殖民協会」が結成される。
1894年	南太平洋のフィジーへ日本人労働者が渡航する。「移民保護規則」制定。海外出稼ぎ渡航者斡旋業務が、民間の移民会社にゆだねられる。
1896年	「移民保護法」公布。移民労働者の利益を守るとともに、移民会社の管理をめざした。
1897年	35人の日本人移民団がメキシコ南部チアパス州へ入植する。元外務大臣榎本武揚が中心となり「榎本殖民地」をつくる（「榎本移民」→p14）。
1898年	最初のキューバ移民。
1899年	790人の契約労働者がペルーへ向かう。そのうちの93人がアンデス山脈をこえて、ボリビアへ移住する。
1903年	道路工事に従事する3000人以上の日本人が契約労働者としてフィリピンへ渡る。また、南米チリへ126人の日本人炭鉱労働者が渡る。
1904年	日露戦争の結果、韓国が日本の事実上の植民地となる。また、南満洲鉄道とその周辺地域も日本の支配下に入る。
1908年	アメリカ、カナダの日本人労働移民が制限される。日本人労働者は、かわりにメキシコやブラジルへ向かう。メキシコからアメリカへ入国する日本人もいた。
1910年	韓国併合により、日本人が韓国へ流入、土地をうばう。
1914年	第一次世界大戦がはじまると、日本、ドイツからミクロネシアをうばう。
1919年	日本の「委託統治領」となったミクロネシアへ、太平洋戦争中期まで多数の日本人移植民が渡った。
1924年	アメリカ合衆国、新規日本人移民の入国を全面的に禁ずる。
1925年	政府によるブラジル移住者への渡航費補助開始。
1927年	「海外移住組合法」制定。「海外移住組合連合会」も設立。組織的な定住植民地の創設に乗りだす。2年後、ブラジルに「ブラジル拓殖組合」が設立される。
1929年	「拓務省」設置。海外移植民の「奨励」・「指導」をおこなう。コロンビアに25人の日本人移民。
1931年	満洲事変。日本の本格的中国侵略の幕開けとなる。
1932年	「満洲国」建国。地域の農業開発と日本人による植民地化を進めるため最初の武装移民団が送られる。
1936年	パラグアイへ日本人移民団がはじめて渡航する。
1937年	日本政府、満洲移民「5か年計画」を開始。国家主導による大規模移民政策のはじまりとなる。
1941年	太平洋戦争開始。南北アメリカへの日本人渡航は停止したものの、敗戦まで多くの民間人や軍関係者が、東南アジア、ミクロネシア、中国、そのほかの占領地域へ渡る。
1945年	第二次世界大戦、終戦。日本、連合国へ無条件降伏。
1947年	特別法により日本人「戦争花嫁」（→p19）、アメリカへの入国開始。
1950年	この年までに総計600万人以上の元日本軍関係者、民間人が旧植民地や占領地域から帰国する。
1951年	サンフランシスコ講和条約。
1952年	ブラジル政府、合計9000家族の日本人農民入植計画に許可をあたえる。アメリカで日本人をふくむ移民をみとめる法律が可決。
1954年	戦後初の日本人パラグアイ移民。
1955年	日本政府、外務省内に移住局を置く。
1956年	ドミニカ共和国へ最初の日本人移民団。
1961年	日本の急速な経済復興により、日本人の南アメリカ移住は終結に向かう（→p18）。
1963年	外務省外郭組織「海外移住事業団」が設立され、日本の戦後移住事業を統括する。
1967年	カナダへの移住再開。
1988年	ブラジルから日本への日系人「出稼ぎ」が本格化する（→p18）。
1990年	「出入国管理及び難民認定法」（入国管理法）の改正にともない、日系人就労が合法化され、南米各国で日本への出稼ぎが一種のブームとなる。

21

5 現代世界の移民のようす

ここでは、ヨーロッパの4つの国（イギリス、フランス、スイス、デンマーク）を例にして現在の世界に見られる移民の状況と、その国がかかえている移民問題・課題について見ていきましょう。

1 ヨーロッパの国ぐに

1993年に当初12か国でEUが発足しました。その後しだいに加盟国を増やしていき、2018年現在、28か国になりました。

EU域内では、人びとの移動が自由にできるので、加盟国どうしでの移民の問題はありません。ただし、イギリスが2016年に国民投票をおこない、EUから離脱することを決定し、その手続きに入っているため、EUからイギリス、イギリスからEUへの移民は、大きな問題になっています。

ベルギーのブリュッセルにあるEU議会の事務局。

● イギリス

イギリスへは年間20万人以上の移民が世界じゅうからやってきている。最多はポーランドを中心とする東ヨーロッパだ。そうした移民に対しても、イギリスは社会福祉が比較的充実しているといわれてきた。しかし、「ベネフィット・ツーリズム（失業手当など福祉めあての移住）」が増加したことなどから、2014年、「EUからの移民に対する社会福祉の制限などを柱とする移民制限措置」の導入が発表された。2016年、EUからの離脱を問う国民投票の際、離脱を望む人たちのなかには増えつづける移民に対する不満の強い人が多かったと見られている。イギリスがEUを離脱すれば、ますます移民を制限する可能性も高くなるといわれている。

2018年6月23日、ロンドンの中心部でおこなわれたイギリスのEU離脱を問う国民投票の再実施を求めるデモには約10万人が参加した。

● フランス

　西ヨーロッパのフランスには、EUの東ヨーロッパの国ぐにからの移民が増えているが、その場合の移民は比較的うまくいっているといわれている。その一方、かつて植民地だったアフリカの国ぐにからの移民の増加は、フランス国内で大きな社会問題になっている。多くの旧植民地からの移民は、スラム*への居住を余儀なくされるという。その中には貧困や、キリスト教社会であるフランスのイスラム教への差別に不満をもつ人も多く、暴動も多発している。

＊スラム　都市で、まずしい人びとが集まって住んでいる区域。

2018年のサッカーワールドカップ優勝国のフランスでは、多くの移民系の選手が活躍した。

● スイス

　スイスは1992年にEU加盟の申請書を提出。だが、同年におこなわれた国民投票で非加盟派が過半数（50.3％）となったことから、申請保留状態のまま26年がたった。そのスイスへの移民は毎年約8万人。2017年の時点でスイス人口の25％が外国人だという。このため、移民超過により、教育や交通、医療などの公共サービスがもたなくなるのではないかと心配されている。2014年の移民規制強化を問う国民投票では、賛成が過半数（50.3％）を占めた。

● デンマーク

　2018年3月、デンマークのラース・ラスムセン首相は「ゲットー・プラン」を発表。「ゲットー」とは一般には、第二次世界大戦中のナチス・ドイツが迫害したユダヤ人を強制的に住まわせたせまい地区のことをさすが、デンマークではデンマーク人の低所得者や失業者、移民などがくらす集合住宅のこと。同プランは、警察当局がゲットー居住者の個人情報の入手を容易にする、家賃滞納の有無を問わず犯罪者を退去させるなどというもの。ほとんどの入居者が「非ヨーロッパ住民」で占められているゲットーも多く、しかもその大半が中東アフリカ出身の移民であることから、このプランは、移民対策だといわれている。この背景には、デンマークの手あつい社会保障を目的にやってくる移民が社会問題になっていることがあげられる。近年、国民の多くが移民のために重税をはらわされている、などの不満が高まっているという。

デンマーク・コペンハーゲンのミュルナパーケン団地はゲットーの1つ。住民の8割が移民だ。

② アメリカの「移民」と「非移民」

現在アメリカの移民に関する法律では、新しくアメリカ入国しようとする人を、大きく「移民」と「非移民」にわけています。

申請が承認され移民となった人には、アメリカに永住する権利のある「移民ビザ（永住権＝グリーンカード）」が発給され、それをもっていれば、アメリカでの就職や居住など自由におこなうことができます。

一方、「アメリカに永住の意思なく入国する者」＝「非移民」は、すべてが「一時渡航者」と見なされます。もし、非移民がアメリカで一定期間働くことを目的に入国する場合には「非移民就労ビザ」を取得しなければなりません。

なお、日本など一部の国籍をもつ人は、短期滞在であればビザの申請は必要ありません。そのかわり、ESTA（電子渡航認証システム）の取得が義務づけられています。これは渡航者の情報をアメリカがあらかじめ取得し、アメリカをおとずれる条件を満たしているかチェックするためのものです。

帰化

「帰化」とは、それまでの国籍を放棄して、その国の国民になること。アメリカでは、永住権を取得してから5年以上経過し、その間3年以上アメリカに居住しているか、または、アメリカ市民と結婚して3年以上経過している場合には、「市民権取得（帰化）資格」があたえられる。

多民族国家であるアメリカには、毎年世界じゅうから多くの人が移住する。

③ アメリカの外国人受け入れの状況

移民としてアメリカの永住権を申請する方法には、①家族関係による申請、②雇用関係による申請、③多様化プログラムによる申請の3つがあります。

アメリカ国勢調査局によると、2016年のア

メリカにおける外国出生者人口は4385万人（全人口に占める割合は13.7%）で、うち帰化アメリカ市民が2040万人（6.4%）、非アメリカ市民が2344万人（7.3%）となっています。

出生地別の割合は、ラテンアメリカ（メキシコふくむ）の国ぐにが一番多く、半分を占めています。

●アメリカの移民受け入れ制度 （年間総枠67万5000人）

家族関係による申請（年間枠48万人）	
最優先	アメリカ市民の配偶者・21歳未満の子ども、21歳以上のアメリカ市民の親（年間枠なし）
第1優先	アメリカ市民の21歳以上の未婚の子ども（年間枠2万3400人）
第2優先（A優先）	永住権保持者の配偶者と21歳未満の未婚の子ども（年間枠8万7934人）
第2優先（B優先）	永住権保持者の21歳以上の子ども（年間枠2万6266人）
第3優先	アメリカ市民の21歳以上の既婚の子どもおよびその配偶者と子ども（年間枠2万3400人）
第4優先	アメリカ市民の21歳以上の兄弟姉妹およびその配偶者と子ども（年間枠6万5000人）

雇用関係による申請（年間枠14万人）	
第1優先	科学・教育・芸術等の専門分野で卓越した能力を有する外国人、顕著な業績の研究者、多国籍企業の役員（年間枠約4万人）
第2優先	修士以上の学位をもつ専門職従事者、きわだった才能をもつ外国人（年間枠約4万人）
第3優先	学士以上の学位をもつ専門職従事者、2年以上の見習いまたは経験を必要とする熟練労働者（年間枠約4万人）
第4優先	宗教関係者、政府・国際機関関係者など（年間枠約1万人）
第5優先	アメリカへの投資を通じて雇用を創出する外国人投資家（年間枠約1万人）

多様化プログラムによる申請
（年間枠5万5000人、うち5000人分はニカラグア・中央アメリカ救済法による特別枠として利用）

●アメリカの移民 （出生地別の割合）

凡例：
- ■ ヨーロッパ・カナダ
- ■ アジア
- ■ ラテンアメリカ（メキシコのぞく）
- ■ メキシコ

※合算して100%に満たない分はその他の地域出身。

1960年代にはヨーロッパ系移民が大半だったが、近年はメキシコやラテンアメリカが大多数を占めている。

出典：Pew Research Center「Facts on U.S. Immigrants, 2016」

世界でもっとも多く受け入れている国

23ページで見たスイスは、人口の3割近くが外国生まれといわれています。それでも絶対数で見れば、最大の移民受け入れ国は今もアメリカです。ついで、サウジアラビア、ドイツ、ロシアとなっています。

スイスの首都ベルン。スイスの人口は842万人。

右ページのグラフは、1990年から2015年までの移民数の推移を地域別に見たものです。2000年以来、国境をこえて移動する移民の数が41％増加し、世界で2億4400万人に達しました。ただし、世界の人口も同時にどんどん増加しているので、世界人口に対する移民総数を推定すると、過去25年間、約3％の伸びにとどまっているといわれています。

2017年の国連の統計によると、国の全体の人口に占める移民の割合がもっとも高いのは、アラブ首長国連邦、クウェート、カタール、リヒテンシュタインと多くが「湾岸諸国」とよばれる国ぐにとなっています。この背景にはこれらの国では、経済成長をささえるための労働を外国人にたよっていることがあげられます。

もう一歩つっこんで考える！ IOM（国際移住機関）とは

IOMは、世界的な人の移動（移住）の問題を専門にあつかう唯一の国連機関。ここでは、「正規のルートを通して、人としての権利と尊厳を保障する形で行われる人の移動は、移民と社会の双方に利益をもたらす」という基本理念にもとづき、移民個人への直接支援から関係国への技術支援、移住問題に関する地域協力の促進、移住に関する調査研究などを通じて、移住にまつわる課題の解決につとめている。なお、IOMによると、今日の移民は、国境をこえるもの、国内移住をふくめて、有史以来もっとも多い10億人、すなわち世界の7人にひとりが移民と推計されている。情報通信・交通手段の発達だけでなく、気候変動、自然災害、人的災害、紛争、先進国での高齢化、発展途上国における若者の失業の急増、先進国と発展途上国の社会・経済的不均衡などの要因で、移住が大規模になっている。

●地域別に見た移民の割合（1990〜2015年）

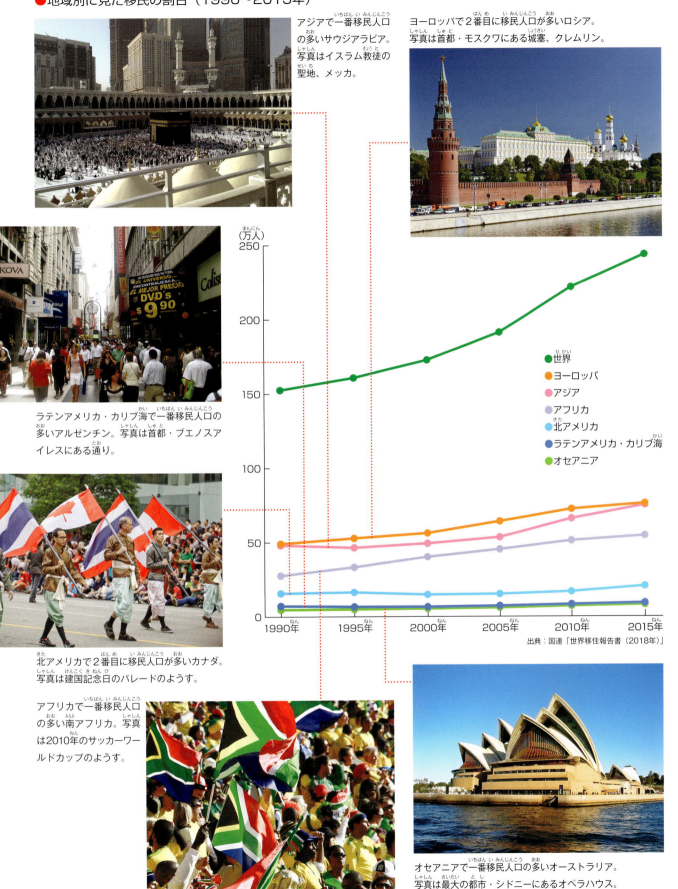

アジアで一番移民人口の多いサウジアラビア。写真はイスラム教徒の聖地、メッカ。

ヨーロッパで2番目に移民人口が多いロシア。写真は首都・モスクワにある城塞、クレムリン。

ラテンアメリカ・カリブ海で一番移民人口の多いアルゼンチン。写真は首都・ブエノスアイレスにある通り。

北アメリカで2番目に移民人口が多いカナダ。写真は建国記念日のパレードのようす。

アフリカで一番移民人口の多い南アフリカ。写真は2010年のサッカーワールドカップのようす。

オセアニアで一番移民人口の多いオーストラリア。写真は最大の都市・シドニーにあるオペラハウス。

出典：国連「世界移住報告書（2018年）」

6 近年の日本の移民受け入れ

日本は**移民の受け入れ**をあまりおこなってきませんでした。それでも、近年は毎年、**1000人ほど**を受け入れています。しかし、この数は日本の人口から見ると、外国とくらべて、**非常に少ない**といわれています。

① 年間20万人

ドイツでは、第二次世界大戦後、旧ドイツ領土から強制的に追放された人びとなどに「帰還移住者」としてドイツ国籍をあたえました。また、経済が急速に復興するなか、トルコなどから多くの移民をどんどん受け入れてきました。その結果、2017年の全人口（8274万人）のおよそ5人にひとりが移民の国となりました。しかし移民の数が増加するとともに、移民が大きな社会問題となっています。

こうしたなかドイツ政府は、2017年10月に移民受け入れ抑制を発表しました。その目標は「年間20万人」以下にするというものです。おなじように戦後復興をとげた日本への移民は、近年増えてきたとはいえ1000人ほど。ドイツが抑制をかけた目標人数の200分の1！ 日本の移民がいかに少ないかわかります。

「年間20万人」といえば、2014年に「日本政府は、年間20万人の移民受け入れを検討する」と報じられたことがありました。少子高齢化にともなって激減する労働力人口をおぎなうため、移民の大量受け入れの本格的な検討に入ったといいます。

実際内閣府では、年間20万人を受け入れることで、合計特殊出生率（→p30）が人口を維持できる2.07に回復すれば、今後100年間は人口の大幅減をさけられるといった試算まで出した、と報じられました。

ところが、その後も移民の数は増えていません。移民受け入れには反対の意見もあります。

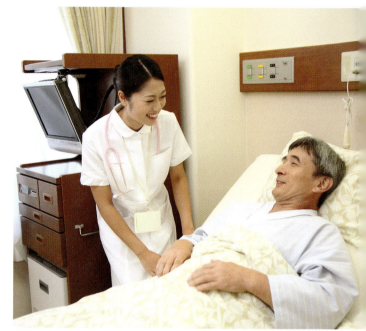

日本はインドネシア、フィリピン、ベトナムから外国人看護師・介護福祉候補者を受け入れており、累計受け入れ人数は2017年9月の時点で4700人をこえた。

もう一歩つっこんで考える！

外国人労働者

移民の数は増えていないが、日本国内では「国籍を取得せずに職に就いている外国人労働者」が増加。日本では、法律上「移民」という言葉を定義していないが、EUなどであれば「移民」に該当する外国人がどんどん増加している。「外国人労働者」とは、そうした日本にやってくる外国人のなかで、出稼ぎ目的で就労滞在する人のことをさす。その数は、年ねん増加している。

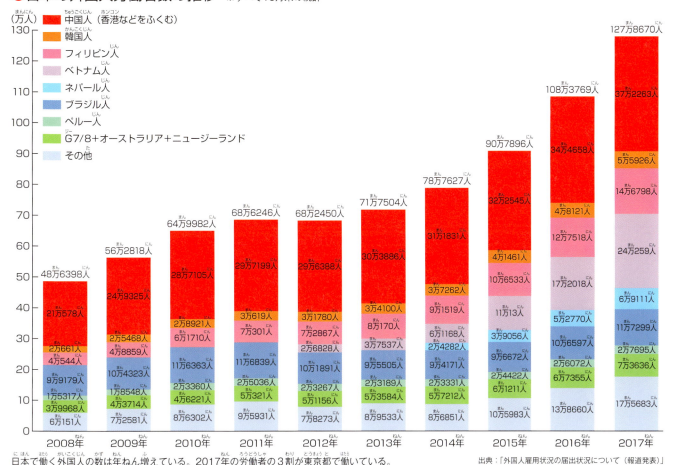

●日本の外国人労働者数の推移 ※すべて10月末の統計

日本で働く外国人の数は年ねん増えている。2017年の労働者の3割が東京都で働いている。

出典:「外国人雇用状況の届出状況について(報道発表)」

2 日本への移民の今後

日本は、少子高齢化が進むにつれて、移民受け入れがますます必要だといわれています。

「社会保障・人口問題研究所」によると、日本は35年後には人口が1億人を割りこむ見通しで、その12年後には15歳から64歳の生産年齢人口*が現在の59.7%から51.4%まで減少するとのこと。すると、「日本は今の水準の人口を維持するなら、毎年50万人の移民を受け入れる必要がある」といいます。

現在の安倍政権では、日本の労働者人口の減少の対策としては、「女性の活躍、社会進出」を中心に考えています。また「少子高齢化に直面する日本は、失業問題を恐れずに人工知能やIoT(→p30)、ロボットなどを存分に活用できる」などとのべています。

しかし、2018年末になって、外国人労働者を大幅に受け入れる方針を打ち出しました。ただ、「移民」という言葉はつかっていません。

日本が移民を受け入れることについては、国民のなかでも賛成派・反対派にわかれています。下は、それぞれのおもな意見です。

● 賛成派
労働者人口が急減するのをふせぐには、外国人労働者しかない。少子高齢化をふせぐには、外国人が移民として、日本で出産するほかない。

● 反対派
人種・民族や宗教上のちがいから治安悪化・争いが懸念される。それはヨーロッパの国ぐにが証明している。

*生産年齢人口　生産活動の中心となる人口。

用語解説

本文中の覚えておきたい用語を五十音順に解説しています。

● IoT ·· p29
英語の「Internet of Things（モノのインターネット）」の略。電化製品や自動車など、多種多様な「モノ」がインターネットに接続され、情報のやりとりをすること。自動認識や遠隔操作などが可能になる。

● 委託統治領 ······························ p16
国際連盟（現在の国連の前身）の委任のもとに、戦勝国が統治した敗戦国の地域。日本は第一次世界大戦でやぶれたドイツの植民地を統治した。

● 韓国併合 ································· p16
1910年、日本が韓国を領有して、植民地としたこと。日本による統治は1945年、日本が第二次世界大戦に負けるまで続いた。日韓併合ともいう。

● 合計特殊出生率 ························ p28
ひとりの女性が生涯に生むと見込まれる子どもの数。日本では、その年の15～49歳の女性が生んだ子どもの数をもとに算出する。日本の合計特殊出生率は、1949年に4.32を記録して以降、全体的に減少傾向にあり、2017年は1.43となった。

● サンフランシスコ講和条約 ············· p18
第二次世界大戦を終結させるため、1951年に日本とアメリカをはじめとする48の連合国とのあいだで結ばれた条約。

● 新大陸・アメリカ ························ p8
新大陸とは15世紀末以後、ヨーロッパ人が新しく発見し、開拓した大陸のこと。南北アメリカ大陸およびオーストラリア大陸をさす。

● 奴隷制度 ································· p9
奴隷を生産労働の担い手とする社会制度。古くから存在したが、古代ギリシャ、古代ローマ、近世アメリカなどでは、大規模・公的に奴隷がつかわれた。アメリカへは、17世紀後半、大規模農園の労働力としてアフリカから強制的に奴隷が連れてこられた。1865年に廃止された。

● 入国管理法 ······························ p6
正式名称は「出入国管理及び難民認定法」。日本に出入国するすべての人の管理、外国人の在留資格、難民の認定について定める法律。

● バブル経済 ······························ p18
日本の土地や株が本来の価値とはかけはなれた価格まで上昇した経済状況のこと。一般的に1980年代後半の好景気の時期をさす。「バブル」は英語で「泡」という意味で、経済が泡のように膨張し、一瞬で割れて消えてなくなることが由来。

● フィデル・カストロ ······················ p15
1926～2016年。1959年、アメリカのいいなりだった当時の政権を打倒し、キューバを経済的な平等をめざす社会主義国家にかえた（キューバ革命）。1976年から2008年まで、国家元首をつとめた。

さくいん

あ

IOM（国際移住機関） ……………………… 26

IoT …………………………………………… 29, 30

アイヌ ……………………………………… 10, 11

EU（ヨーロッパ連合） ………… 6, 22, 23, 28

委託統治領 ………………………… 16, 17, 21, 30

永住権 …………………………………… 19, 24, 25

榎本移民 ……………………………………… 14, 21

か

外国人労働者 ………………………………… 28, 29

韓国併合 ………………………… 16, 17, 21, 30

元年者 ………………………………………… 12, 21

帰化 …………………………………………… 24, 25

帰還移住者 …………………………………… 28

キューバ革命 ………………………………… 15, 30

ゲットー・プラン …………………………… 23

合計特殊出生率 ……………………………… 28, 30

コフィー・アナン …………………………… 6, 19

さ

サーミ ……………………………………… 10, 11

在留外国人 …………………………………… 7

サンフランシスコ講和条約 ……… 18, 21, 30

自由の女神 …………………………………… 9

新移民 ………………………………………… 9, 13

新大陸・アメリカ ………………………… 8, 9, 30

新発展地 ……………………………………… 16

スクールボーイ ……………………………… 19, 21

生産年齢人口 ………………………………… 29

先住民族 ………………………………… 8, 10, 11

戦争花嫁 ……………………………………… 19, 21

た

出稼ぎ ……………………………… 12, 18, 21, 28

特別永住者 …………………………………… 6

奴隷制度 ……………………………………… 9, 30

な

難民 ………………………………… 7, 8, 9, 30

Nikkei ……………………………………… 15

日本人移植民 ………………………………… 16, 21

日本人定住農業移民 ………………………… 18

日本人排斥運動 ……………………………… 13

入国管理法 ………………………………… 6, 21, 30

は

バブル経済 …………………………………… 18, 30

ハワイ官約移住 …………………………… 12, 17, 21

ピューリタン ………………………………… 8, 9

フィデル・カストロ ……………………… 15, 30

ベネフィット・ツーリズム ………………… 22

ま

満洲国 ………………………………………… 17, 21

満蒙開拓団 …………………………………… 17

メイフラワー号 ……………………………… 8

や

UNHCR（国連難民高等弁務官事務所） …… 7

ら

琉球王国 ……………………………………… 20

■ 監修／池上 彰（いけがみ あきら）

1950年、長野県生まれ。慶應義塾大学卒業後、1973年、NHKに記者として入局。1994年から「週刊こどもニュース」キャスター。2005年3月NHK退社後、ジャーナリストとして活躍。名城大学教授、東京工業大学特命教授。著書に『ニュースの現場で考える』（岩崎書店）、『そうだったのか！ 現代史』（集英社）、『伝える力』（PHP研究所）ほか多数。

■ 著／稲葉 茂勝（いなば しげかつ）

1953年、東京都生まれ。大阪外国語大学、東京外国語大学卒業。国際理解教育学会会員。子ども向け書籍のプロデューサーとして生涯1200作品以上を発表。自らの著書は、『「戦争」と「平和」をあらわす世界の言葉』（今人舎）など、国際理解関係を中心に多数。2016年9月より「子どもジャーナリスト」として、執筆活動を強化しはじめた。

■ 編／こどもくらぶ

「こどもくらぶ」は、あそび・教育・福祉の分野で、子どもに関する書籍を企画・編集しているエヌ・アンド・エス企画編集室の愛称。これまでの作品は1000タイトルを超す。

この本の情報は、特に明記されているもの以外は、2018年11月現在のものです。

■ 企画・制作・デザイン

株式会社エヌ・アンド・エス企画
（佐藤道弘）

■ 写真・図版協力（敬称略）

©Ben Gingell、©Javiindy、
©Erix2005 | Dreamstime.com
©Alejandro Islas、©Alexandre Possi、
©Nandaro、©663highland、
©Steven Lek、©Kremlin.ru、
©Leif Jørgensen、©Aiman titi、
©Рустам Абдрахимов、
©Chris Goldberg、©GoToVan、
©Thomas Schoch、©Steve Evans

［表紙写真］
©Rawpixelimages | Dreamstime.com
［P1写真］
©Starfotograf | Dreamstime.com
移民出身者の多い国は、ロシア、アフガニスタン、インド、中国などだ。

池上彰が解説したい！ 国民・移民・難民 ②移民って、なに？ どうして移住するの？　　NDC316

2018年12月25日　　初版第1刷発行

監　修　池上彰
　著　稲葉茂勝
発 行 者　喜入冬子
発 行 所　株式会社筑摩書房　〒111-8755　東京都台東区蔵前2-5-3
　　　　　電話番号　03-5687-2601（代表）
印 刷 所　凸版印刷株式会社
製 本 所　凸版印刷株式会社

©Kodomo Kurabu 2018　　　　　　　　　　　　　　　　32p／29cm
Printed in Japan　　　　　　　　ISBN978-4-480-86462-8　C0331

乱丁・落丁本の場合は、送料小社負担でお取り替えいたします。

本書をコピー、スキャニング等の方法により無許諾で複製することは、法令に規定された場合を除いて禁止されています。請負業者等の第三者によるデジタル化は一切認められていませんので、ご注意ください。